J'AIME MANGER DES FRUITS ET DES LEGUMES

I LOVE TO EAT FRUITS AND VEGETABLES

Shelley Admont

Illustré par Sonal Goyal et Sumit Sakhuja

www.kidkiddos.com
Copyright©2014 by S.A.Publishing ©2017 by KidKiddos Books Ltd.
support@kidkiddos.com

Second edition

Translated from English by Camille Granier
Traduit de l'Anglais par Camille Granier

Library and Archives Canada Cataloguing in Publication
I Love to Eat Fruits and Vegetables (French English Bilingual Edition)/ Shelley Admont
ISBN: 978-1-5259-1839-1 paperback
ISBN: 978-1-77268-612-8 hardcover
ISBN: 978-1-77268-221-2 eBook

Please note that the French and English versions of the story have been written to be as close as possible. However, in some cases they differ in order to accommodate nuances and fluidity of each language.

KidKiddos Books

À ceux que j'aime le plus-S.A.
For those I love the most-S.A.

C'était une heure avant le déjeuner. Jimmy, le petit lapin, jouait avec ses deux grands frères.

It was an hour before lunch. Jimmy, a little bunny, was playing with his two older brothers.

— J'ai vraiment envie de manger quelque chose de sucré, dit soudain Jimmy.

"I really feel like eating something sweet," said Jimmy suddenly.

— Nous ne pouvons pas manger de bonbons avant le déjeuner, dit son frère aîné. Tu sais que nous n'avons pas le droit, Jimmy.

"We can't eat candy before lunch," said the oldest brother. "You know we're not allowed, Jimmy."

— De toute façon, c'est mieux de manger des pommes ou des raisins, continua l'autre frère, car ils sont aussi sucrés et savoureux.

"Anyway, it's better to eat apples or grapes," continued the middle brother. "They're also sweet and tasty."

— *Beurk, Je n'aime pas manger des fruits, dit Jimmy.*

"Yuck, I don't like eating fruits," said Jimmy.

— *Mais devine quoi ? J'ai vu que Maman a acheté de nouveaux bonbons hier, murmura Jimmy, je vais en prendre quelques-uns. Qui vient avec moi ?*

"But guess what? I saw that Mom bought some new candies yesterday," Jimmy whispered. "I'm going to take some. Who's joining me?"

— *Pas moi, répondit son frère aîné.*

"Not me," answered his eldest brother.

— *Je ne viens pas non plus, répondit son autre frère.*

"I'm not coming either," replied his middle brother.

Les deux frères aînés retournèrent à leurs jeux. Lentement, Jimmy se frayait un chemin vers la cuisine.

The two older brothers went back to their toys while Jimmy slowly made his way to the kitchen.

Il quitta la pièce et regarda autour de lui pour s'assurer que personne ne le voyait.

He left the room and looked around to check that nobody was watching.

Quand il arriva à la cuisine, la table était déjà mise pour le déjeuner.

When he got to the kitchen, the table was already prepared for lunch.

Chaque lapin avait sa propre assiette. L'aîné avait une assiette bleue et l'autre frère en avait une verte. L'assiette orange était pour Jimmy.

Each bunny had his own plate. The oldest brother had the blue plate, and the middle brother had the green one. The orange plate was for Jimmy.

Au centre de la table se trouvait un grand saladier rempli de légumes frais. Il y avait des concombres, des carottes, des tomates, des poivrons verts et jaunes, et du chou.

In the center of the table was a big bowl filled with fresh vegetables. There were cucumbers, carrots, tomatoes, red and yellow peppers, and some cabbage.

« Berk ! Je ne vais pas manger ÇA », pensa Jimmy.

Ugh! I'm not going to eat THAT, Jimmy thought to himself.

Il alla vers le placard où il avait vu sa mère mettre le paquet de bonbons. Mais le placard était très haut et Jimmy n'arrivait pas à l'atteindre.

He went over to the cupboard where he had seen his mother putting the bag of candy. But the cupboard was very high above the ground, and Jimmy was not able to reach it.

Il prit une des chaises et la plaça près du placard. Il grimpa dessus, mais il ne pouvait toujours pas atteindre la tablette !

He took one of the chairs and moved it nearer to the cupboard. He climbed up onto it, but he still wasn't able to reach the shelf!

Jimmy descendit et regarda encore autour de lui. Cette fois, il prit un grand pot vide et le retourna. Il mit le pot sur la chaise et grimpa dessus.

Jimmy got back down and looked around again. This time, he took a large empty pot and turned it upside down. He put the pot on the chair and then climbed up.

Maintenant, il pouvait voir la tablette la plus haute. Dans le coin le plus éloigné de la tablette, il y avait, un énorme paquet plein de bonbons ! Mais... Il ne pouvait pas le toucher. Il avait besoin d'être un peu plus haut.

Now, he was able to see the highest shelf. In the far corner of the shelf, there it was a huge bag full of candy! But...he still wasn't able to touch it. He needed to be a tiny bit higher.

« *Que puis-je utiliser d'autre ? » Pensa Jimmy pendant qu'il descendait. Il vit le gros livre de cuisine de maman.*

What else can I use? thought Jimmy while getting down. He saw his mom's huge cookbook.

— *C'est exactement ce dont j'ai besoin ! s'exclama-t-il joyeusement en attrapant le livre.*

"That's exactly what I need!" he said happily as he grabbed the book.

Il mit le livre de cuisine sur le pot et recommença à grimper doucement.

He put the cookbook on the upside-down pot and again started slowly climbing up.

Mais dès que Jimmy atteignit le sac de bonbon, la chaise commença à tanguer. Jimmy perdit son équilibre et tomba à plat sur le sol.

But as Jimmy reached for the bag of candy, the chair began to rock. Jimmy quickly lost his balance and fell flat on the ground.

Le pot tomba près de lui dans un grand bruit. Le livre arriva ensuite, et atterrit sur la tête du pauvre Jimmy.

The pot fell next to him with a loud bang. The cookbook came next, and it landed right on poor Jimmy's head.

Soudain, quelque chose d'étrange se produisit. Alors que Jimmy regardait le placard, il lui semblait que celui-ci devenait de plus en plus haut. Il essaya de se mettre debout, mais il était étourdi et il dut s'asseoir.

Suddenly, something strange happened. As Jimmy looked up at the cupboard, it seemed as if it was getting higher and higher. He tried to stand up on his feet, but he just got dizzy again and had to sit back down.

A ce moment, ses deux frères vinrent dans la cuisine.
— Quel était ce bruit, demandèrent-ils, et où est Jimmy ?

At that moment, his two older brothers came into the kitchen.
"What was that noise," they asked, "and where's Jimmy?"

— *Je suis ici ! Jimmy faisait signe avec sa main.*
"I'm here!" Jimmy waved his hand.

— *Jimmy, comment es-tu devenu si petit ? demanda son frère.*
"Jimmy, how did you get so tiny?" asked his middle brother.

A ce moment-là Jimmy a compris pourquoi tout paraissait si grand. Il était devenu aussi petit qu'une souris !
Only then did Jimmy understand why everything looked so big. He had become as small as a mouse!

— *Je ne sais pas, pleurait Jimmy, je suis juste monté pour prendre quelques bonbons, et je suis tombé.*
"I don't know," cried Jimmy. "I just climbed up to get some candy, and then I fell down."

—*C'est peut-être pour ça que tu es si petit ! s'exclama son frère.*
"Maybe that's what caused you to become so little!" exclaimed the middle brother.

— *Oh non ! Est-ce que je vais rester petit pour toujours ? criait Jimmy.*
"Oh, no! Will I stay this small forever?" Jimmy screamed.

— *Ne pleure pas dit son frère aîné, nous allons réfléchir à quelque chose. Nettoyons ce bazar avant que Maman arrive.*
"Don't cry, Jimmy," said the oldest brother. "We will figure something out. Let's just clean up this mess quickly before Mom comes in."

Juste au moment où les frères finissaient de tout ranger, leur maman entra dans la cuisine.
Just as the brothers finished putting everything back in its place, Jimmy's mother walked into the kitchen.

— *Nous allons bientôt déjeuner. Mais où est Jimmy ?*
"We're going to eat lunch soon. Where's Jimmy?"
Jimmy hid behind his older brothers, listening to every word.

— *Heu, heu..., bégaya son frère en réfléchissant à une réponse.*
"Uh, uh...," stuttered his middle brother while thinking of what to say.

Mais le frère aîné était très malin.
— Maman, si quelqu'un veut grandir rapidement et devenir grand et fort, qu'est-ce qu'il doit faire ?

But the older brother was very smart. "Mom," he said. "If someone wants to grow quickly and be big, tall, and strong, would he need to do?

— *Il doit s'assurer qu'il mange ses fruits et légumes, répondit leur mère, ils contiennent beaucoup de vitamines et minéraux qui aident le corps à grandir plus vite.*
"They need to make sure that they eat their fruits and vegetables," his mother answered. "They contain lots of good vitamins and minerals that help the body grow faster."

— *Maintenant, vous pouvez vous asseoir, je vais appeler Papa et Jimmy, dit leur mère en sortant de la cuisine.*
"Now, you can sit down at the table, and I will call Dad and Jimmy," their mother said while walking out of the kitchen.

Le frère aîné se tourna vers Jimmy.
— *Dépêche-toi ! Tu dois manger tes fruits et légumes pour grandir vite.*
The oldest brother turned around to Jimmy. "Quick, Jimmy! You have to eat your fruits and vegetables so that you can grow fast."

— *Beurk, j'en ai pas envie ! cria Jimmy, je n'aime pas les fruits ou les légumes !*
"No way!" screamed Jimmy, "I don't even like fruits or vegetables!"

— *Veux-tu rester comme ça toute ta vie ? demanda son autre frère.*
"Do you want to stay this way forever then?" his middle brother asked.

— *Bien sûr que non ! répondit Jimmy.*
"Of course not!" replied Jimmy.

— *Alors mange quelques légumes, dit son frère aîné, peut-être que tu vas même les aimer.*
Il prit rapidement une carotte sur la table et la mit dans la bouche de Jimmy.
"So eat some vegetables," said the oldest brother. "Maybe you'll even like them." He quickly took a carrot from the plate on the table and slipped it in Jimmy's mouth.

— *Hummm... c'est sucré et même savoureux, dit Jimmy pendant qu'il mâchait sa carotte avec sa grosse dent blanche.*

"Ummm...this is sweet and tasty," Jimmy said as he chewed his carrot with his strong, white teeth.

Soudain, il ressentit un étrange frisson lui parcourir tout le corps – c'était magique.

All of the sudden, he felt a strange tingly feeling spreading all over his body—it was just like magic.

— *Jimmy, regarde ! Tu as un peu grandi ! cria son grand frère tout joyeux.*

"Jimmy, look! You've grown a bit!" shouted the oldest brother happily.

— *Tiens, mange autre chose, ajouta l'autre frère. Il donna à Jimmy un concombre juteux.*

"Here, eat something else," the middle brother said. He gave Jimmy a juicy cucumber from the bowl.

Après chaque bouchée, il sentait son corps devenir de plus en plus fort. Il grandissait !

With every bite, he felt his body getting stronger and stronger. He was growing!

— *Jimmy, tu es redevenu toi-même, lui cria son frère aîné et couru vers lui pour l'embrasser.*

"Jimmy, you're finally yourself again," his oldest brother shouted and ran over to hug him.

— *Comment te sens-tu maintenant ? demanda-t-il.*

"How are you feeling now?" he asked.

— *Je me sens bien et plein d'énergie, répondit Jimmy. Et vous savez quoi ? Ces fruits et légumes sont vraiment très savoureux. J'aurai dû les goûter avant !*

"I feel great and full of energy," Jimmy answered. "And you know what? These fruits and vegetables are really tasty. I should have tried them before!"

Les trois frères commencèrent à rire fort et à sauter partout.

All three brothers began to laugh loudly and jump around.

Quelques minutes après, les parents de Jimmy entrèrent dans la cuisine.
— Bien, vous êtes là, dit Papa.

A few minutes later, Jimmy's parents entered the kitchen. "Great, everyone's here," said Dad.

— Je suis contente que tout le monde soit de bonne humeur, dit Maman, c'est une excellente manière de commencer le déjeuner ! N'oubliez pas de laver vos mains !

"I'm happy that everyone's in such a good mood," said Mom. "What a great way for us to start lunch! Don't forget to wash your hands!"

La joyeuse famille s'assit autour de la grande table et commença à manger tous les mets savoureux. Et même Jimmy finit son assiette entière.

The entire happy family sat around the large table and began eating all the tasty things there. Even Jimmy finished his whole plateful.

Depuis ce jour, Jimmy aime manger ses fruits et légumes. Parfois, il mange des bonbons mais seulement après les repas.

From that day on, Jimmy liked eating all his fruits and vegetables. Sometimes, he still eats candy but only a little and only after his meals.

Lightning Source UK Ltd.
Milton Keynes UK
UKHW021339220920
370281UK00005B/242

9 781525 918391